# La compresión en la producción musical

Arianne Luna

# Capítulo 1: Qué es un compresor

La compresión ha sido algo malinterpretada durante décadas. Con éste libros nos proponemos darte los elementos esenciales para comprenderla y practicarla de un modo simple y directo.

Un compresor se utiliza en audio para controlar el rango dinámico de un sonido.

El rango dinámico es la diferencia entre las partes más altas y más bajas de un sonido en cuanto a volumen (amplitud).

Por ejemplo, un compresor se encargará de reducir el volumen de un sonido cuando éste alcance cierto nivel. Si quisiéramos que un instrumento no supere ciertos decibelios, le aplicaríamos un compresor para controlar esas partes donde el volumen supere el límite.

*Ilustración 1: Interfaz de un compresor digital.*

## Compresores digitales y analógicos

Los compresores digitales son aquellos que pueden ser usados como programas o plugins en forma de software. Trabajan puramente con datos digitales, con la señal que ya había sido convertida desde analógica a digital durante el proceso de grabación. Los digitales pueden tener más flexibilidad. En general, producen menos ruido, ya que se liberan de trabajar con aparatos eléctricos físicos. Tienen mucha más precisión que los analógicos y pueden ser fácilmente manejables, permitiendo guardar los parámetros en forma de presets para utilizarlos en otros proyectos. Una

4

desventaja que poseen los compresores digitales, es que muchas veces pueden sonar demasiado "frìos", pues los analógicos poseen siempre una señal coloreada por los componentes físicos, lo que agrega a la señal un tono cálido y robusto. Los compresores analógicos son aquellos construidos sobre componentes electrónicos físicos.

*Ilustración 2: Compresor analógico.*

Imagínate que estás frente a una consola de audio y, manualmente, reduces el volumen de una guitarra cada vez que ésta supere los 10 Db. Un compresor se encarga de detectar estos picos de volumen y reducirlos automáticamente.

### Cómo actúa un compresor

El compresor suele usarse como un inserto dentro de un canal de mezcla. También se utilizan en las pistas Master para comprimir la totalidad de la mezcla, durante el proceso de Masterización.

A continuación vemos una onda de sonido sin comprimir:

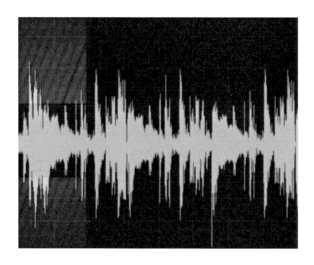

Y la siguiente es la misma onda anterior, luego de que hayamos aplicado un compresor:

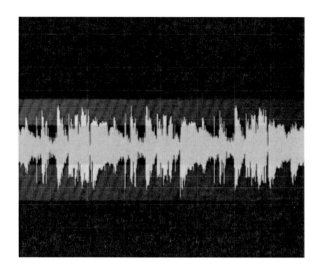

Como podemos observar, se han reducido los picos que sobrepasan ciertos niveles. Mientras que los picos que no los han sobrepasado, se equilibran con el resto formando un sonido uniforme y estable. El sonido tendrá menos subidas abruptas de ganancia y será más agradable al oído.

# Capítulo 2: Threshold o Umbral

Cuando nos encontramos con un compresor, ya sea analógico o digital, encontramos varios parámetros que debemos conocer. Cada uno tiene una función específica y es necesario practicarlos a medida que avanzamos en la compresión para dominar cada una de las funciones que realizan. Entre estos elementos encontraremos el threshold o umbral, la ganancia (make up gain), el ratio, el ataque (attack), el release, y el knee. En éste capitulo nos ocuparemos del threshold.

El elemento principal de un compresor es el Threshold. Es el umbral que fijamos para indicar que cada sonido que supere el umbral, (por ejemplo de -10 Db), será comprimido. Y los sonidos que NO superen el umbral, quedarán sin comprimir. En la siguiente imagen vemos un gráfico que representa la escala de decibelios de un sonido, y el threshold de un compresor:

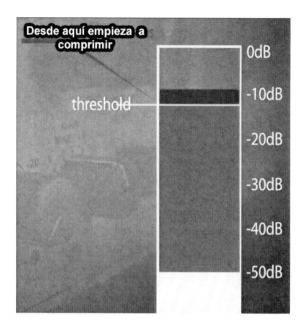

Si el threshold está demasiado alto, el compresor tendrá poca acción. Sólo alcanzará los picos que alcancen niveles demasiado altos. En la siguiente imagen vemos el threshold como una línea. Todo pico que pase la línea será comprimido.

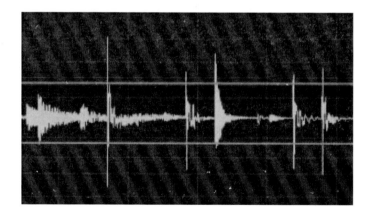

Esto nos puede ayudara reducir los picos de instrumentos que puedan sonar demasiado variables. Por ejemplo: un baterista da algunos golpes sobre la caja que suenan mucho más fuertes que otros. Si deseamos nivelar todos los golpes de caja o platillos, usaremos entonces un compresor. La batería sonará ahora más equilibrada.

# Capítulo 3: Ratio

Una vez que fijemos un threshold o umbral (a partir de qué nivel empezamos a comprimir), debemos fijar el siguiente elemento el Ratio:

El ratio nos indicará cuánta cantidad de decibelios vamos a comprimir. Es decir: por cierta cantidad de Db que pase el límite del threshold, comprimiremos X cantidad. Esa X va a estar indicada por el ratio.

El ratio se indica como un indicador de PROPORCIÓN. Se indica con dos números, el primer número es el numero de entrada de audio (la cantidad que pasa el threshold) y el segundo número es la cantidad que queda luego de la compresión.

Por ejemplo tenemos el ratio de 2 : 1. Supongamos que la cantidad de Db que sobrepasan el Threshold es 10 Db. Este ratio indica que cada 2 decibelios que pasen el threshold, 1 será el que se conserve.

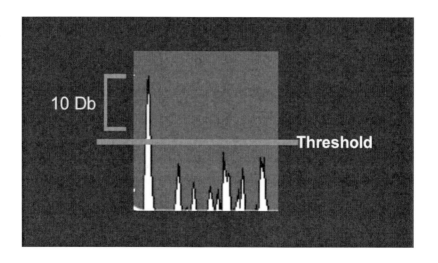

Entonces, si de los 10 decibelios que pasan el umbral se comprime uno de cada dos, el resultado será 5 decibelios.

Si por ejemplo el mismo sonido tiene sólo 2 Db, sólo 1 Db resultará (se comprime 1).

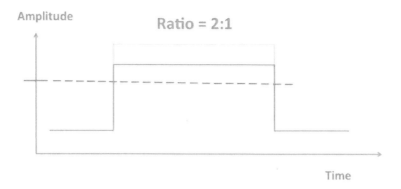

Vamos a ver otro caso: un ratio de 10 : 1

Cada 10 Db que pasen el threshold, 1 Db quedará. Como resultado, Se comprimirán 9 Db de los 10 originales.

¿Qué sucedería si tenemos un ratio de 1 : 1 ? Entonces, por cada 1 Db que pase el threshold, 1 Db quedará, lo que significa que no hay ninguna compresión: entra uno y sale uno.

A continuación vemos un gráfico típico de los compresores: en el eje vertical tenemos el nivel de salida, y en el eje horizontal, el nivel de entrada. Vemos que cuando el nivel de entrada toca la línea del Umbral, empieza a comprimirse.

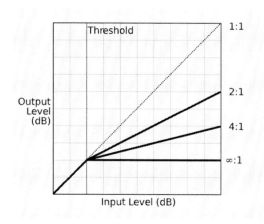

A continuación veremos un típico Knob o perilla de un compresor: Vemos que a medida que la giramos, el ratio aumentará y por lo tanto comprimiremos más y más el sonido:

# Capítulo 4: Ataque (attack)

Otro parámetro importante es el Ataque (Attack).

Este parámetro está relacionado al tiempo. Indica cuántos milisegundos tardará el Compresor en comprimir totalmente la señal de audio cuando ésta supere el Threshold que habíamos fijado.

Si fijamos, por ejemplo, un tiempo de ataque de 0 (cero) milisegundos, la compresión se efectuará instantáneamente cada vez que la señal supere el Threshold.

A continuación vemos una imagen de una onda de sonido SIN COMPRIMIR. Podemos ver el Threshold y los picos que lo sobrepasan. Los primeros milisegundos de un pico cuando sobrepasa el Threshold, se denominan Transients.

A continuación veremos la acción del compresor representada por el área en color. Aquí vemos que el compresor tarda algunos milisegundos en actuar, a partir de que detecta que la señal ha sobrepasado el threshold. Digamos que tarda tres milisegundos en actuar hasta comprimir totalmente la señal. Vemos que se preservan los primeros tres milisegundos de señal, hasta que estos son comprimidos. Esto sirve para conservar los Transients, evitando así tener un sonido demasiado plano y aburrido. Muchas veces querremos conservar la dinámica para tener un sonido natural.

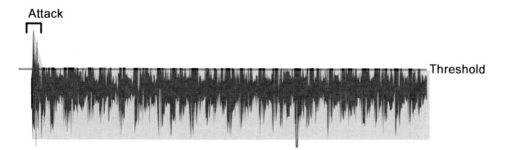

Attack

Threshold

A continuación veremos un compresor con un ataque más lento: Vemos que la compresión tarda más en llegar, dejando lugar a las primeras señales que traspasan el umbral. Esto da un sonido más suave y dinámico. Por ejemplo, nos serviría para comprimir voces, si deseamos que éstas suenen naturales. Una vez demasiado comprimida suena poco natural y abrupta.

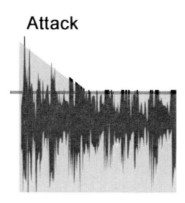

Attack

# Capítulo 5: Release (liberación)

El Release de un Compresor es el tiempo que toma un compresor para regresar al estado normal de la señal una vez que ésta no sobrepase el umbral o threshold.

Cuanto mayor sea el tiempo de Release, mayor será el tiempo que el compresor retenga la señal y más suave será el sonido. Una liberación más rápida significa que el compresor se suelta rápidamente, y la señal retiene más de la dinámica original.

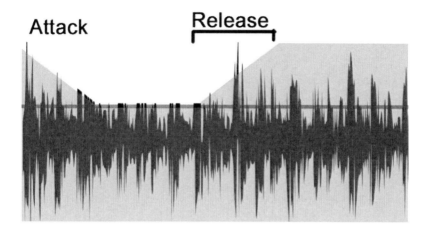

Attack  Release

# Capítulo 6: Knee

La función Knee aparece en algunos compresores y tiene dos parámetros el Soft Knee (knee suave), y Hard Knee (knee duro).

El Hard Knee hace que el compresor sea más estricto, y comienza a comprimir desde el punto en que el sonido sobrepasa el Threshold con el ratio que habíamos especificado, de principio a fin. Es decir, el Knee está relacionado a la intensidad del Ratio durante comienzo de la compresión (en los primeros momentos antes de atravesar el Threshold).

Lo que hace un Knee Soft es crear una transición más suave entre la señal sin comprimir y la señal comprimida. El Hard Knee nos ayuda a mantener los Transients y hacer el sonido más áspero y la compresión rápida para sonidos rápidos (Batería por ejemplo). El Soft Knee podría usarse para sonidos más sutiles, como la voz o un violín.

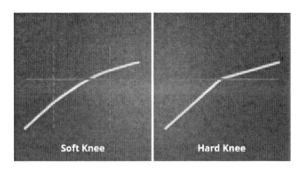

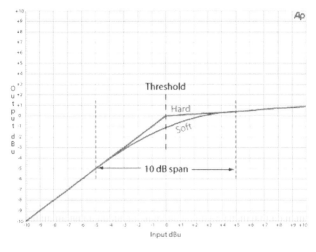

# Capítulo 7: Make up gain

El Make Up Gain, es una opción que tienen algunos compresores para crear una compensación de ganancia , es decir, una vez que el compresor hubiese reducido los picos de la señal, el make up gain toma la señal comprimida y aumenta su ganancia. Esto se hace para compensar la péridad de volumen causasda por la reducción creada por la compresión. El make up gain se mide en Decibelios. Por ejemplo, si el compresor reduce de la señal original 8 Decibelios, querremos que el Make Up gain aumente la señal comprimida unos 8 Decibelios.

En el primer cuadro de la siguiente imagen, vemos la señal sin comprimir, en el segundo vemos la señal ya comprimida, y en el tercero vemos cómo el Make Up gain ha aplicado una ganancia adicional. Esto ayuda a nivelar todos los picos y al mismo tiempo aumentarlos de ganancia. Vemos entonces que la primera imagen tienen una dinámica muy cambiante, y en la última, todos los picos tienen una ganancia similar, más plana y comprimida pero con una ganancia consistente.

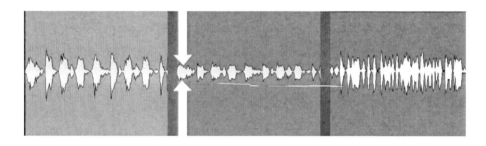

Vemos que el make up hace que las partes más bajas de la señal original aumenten y las partes más altas se reduzcan, igualando la ganancia de toda la señal. Esto va restar dinamismo al sonido, así que tendremos cuidado de no abusar de esta opción si estamos trabajando con un sonido que requiera dinamismo, como un solo de guitarra o una voz.

# Capítulo 8: Compresión multibanda

La compresión multibanda divide el espectro de frecuencias en diferentes secciones, o bandas, de modo que cada una tiene sus propios ajustes de compresión.

Esto permite un tiempo de ataque más largo para que la banda baja de ese bombo perfore, mientras que mantiene un tiempo de ataque más corto en una banda más alta para mantener la guitarra a raya. Utilizando un compresor multibanda, es posible adaptar la compresión a los diferentes elementos de una mezcla y comprimir la grabación de forma más transparente que con un compresor estándar de una sola banda.

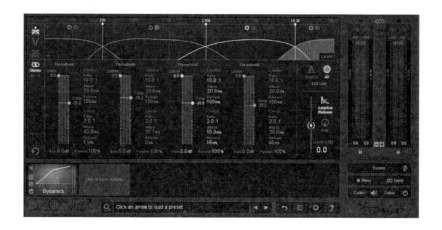

La mayoría de los compresores multibanda tienen 3 o 4 bandas diferentes. Dado que las frecuencias cruzadas definen el rango de frecuencias contenidas en cada banda, conseguirlas correctamente puede tener un gran impacto en la efectividad de la compresión.

Muchos compresores multibanda tienen una función en solitario para enfocarse en una banda a la vez – esto puede ser muy útil cuando se ajustan las frecuencias de crossover revelando exactamente lo que contiene cada banda.

Además, el solo de las bandas individuales puede ser útil cuando se establecen los tiempos de ataque y liberación para asegurarse de que los transitorios en cada banda tengan la forma deseada.

Cada una de estas bandas representa un compresor individual y tiene un conjunto completo de controles. Todos los controles habituales están aquí, como la proporción, el umbral, el ataque y la configuración de release. Con la banda de frecuencias ajustada, el compresor sólo actuará en las frecuencias especificadas. Esto es realmente ideal para tratar un instrumento en particular o un problema de frecuencia en su mezcla.

# Capítulo 9: Compresión paralela

La compresión paralela es una técnica en la que la señal limpia (sin comprimir) se mezcla con la misma señal duplicada y comprimida. Es decir, tenemos las dos señales y podemos ir mezclándolas de acuerdo al sonido que queremos lograr.

Al mezclar parte de la señal limpia, se puede conservar fácilmente la dinámica original del sonido, incluso si está utilizando ajustes de compresión extremos.

### Cómo usar la compresión paralela:

Una vez tenemos una pista con el sonido sin comprimir, creamos una pista AUX o auxiliar y enviamos la señal de la pista limpia a la pista aux. En esta pista auxiliar podemos agregar un compresor.

Una vez aplicada la compresión a la segunda pista, podemos nivelar la ganancia de cada una de ellas hasta conseguir el efecto deseado, mezclando las dos.

La compresión paralela puede ser útil en todo tipo de fuentes. Además de la percusión, prueba la compresión paralela en voces o cualquier otra fuente que se beneficie de los ajustes de compresión fuerte.

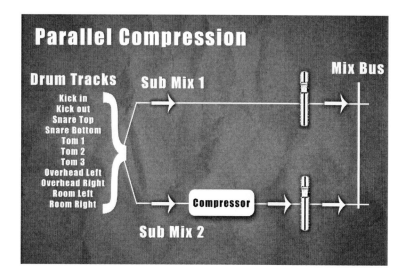

# Capítulo 10: Compresión sidechain

La compresión Sidechain es un poco diferente. Es un tipo de compresión donde el nivel de efecto en un instrumento es controlado por el nivel de volumen de otro instrumento. Un ejemplo común sería hacer el nivel de compresión en un bajo controlado por el volumen de salida del bombo. Así que cuando el bombo suena, el bajo se comprime más para que pueda seguir cortando a través de la mezcla.

En simples palabras, utilizamos el sonido de un instrumento como guía para comprimir otro. Por ejemplo: tenemos una pista de voz, y una pista de música. Deseamos que, cuando la voz se escuche, el volumen de la música se reduzca, y cuando la voz se detenga, la música retome su volumen habitual.

La pista de la voz actuará como detonante de la compresión en la pista de la música. Entonces, las partes donde la voz se escuche dentro de un determinado umbral, comprimirán las partes de la música que suenen en ese momento.

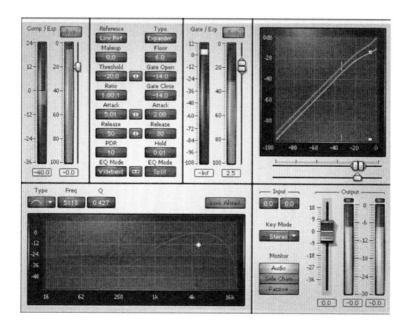

La compresión Sidechain es útil cuando no deseas que ciertos instrumentos tapen a otros. O que dos instrumentos compitan demasiado unos con otros, dándoles un espacio de prioridad. Por ejemplo: usa un compresor sidechain en una pista de bombo para controlar una pista de bajo: así, cuando el bombo suene, el bajo se comprimirá levemente, dejándole espacio al bombo.

# Capítulo 11: Técnicas y consejos para comprimir

Como primer consejos podríamos decir que hace falta escuchar la mezcla en su totalidad (todas las pistas al mismo tiempo), y tratar de percibir las dinámicas de cada sonido. Pon la mezcla a un volumen agradable y moderado y escucha atentamente: si notas que existe un sonido que a veces sobresale de todos o en cambio se queda por debajo de todos, entonces te darás cuenta de que aquél elemento necesita algo de compresión. Obviamente, muchas veces, éstas bajadas y subidas de ganancia son intencionales, en ese caso no es necesario comprimirlas o al menos no comprimirlas demasiado. Pero cuando notes que un sonido es inestable y que eso no es producto de la intención del artista, considera comenzar la compresión.

Usa el compresor con moderación. Si usas demasiado, la mezcla quedará áspera y plana. Siempre es mejor menos que más. Es preferible una pequeña cantidad de compresión antes que una cantidad desmesurada que arruinará la mezcla.

## Ataque y release

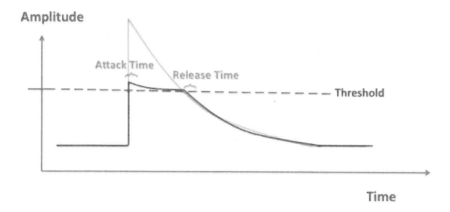

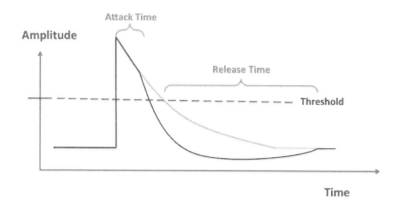

Cuando la mezcla presenta sonidos rápidos, como los de una batería, o la vez de un tema de rap, el compresor deberá actuar rápido también, utilizando el tiempo del parámetro de ataque y release. Ten cuidado al mismo tiempo de no eliminar por completo todos los "transients", pues esto dejará a la mezcla sin "punch", o pegada, y la hará sonar plana y sin vida. Prueba con diferentes tiempos de ataque hasta que el sonido te convenza más. Un release corto dará un sonido con más presencia, y uno largo, lo hará más controlado. La cuestión es encontrar el equilibrio entre compresión y presencia.

## Carácter y estilo

Debemos saber que cada compresor tiene un color particular y un carácter único. Es recomendable probar diferentes compresores y familiarizarse con su sonido. De éste modo, podremos aplicar a cada canción o instrumento un compresor diferente según el tipo de sonido que busquemos en ese momento.

## Control de dinámicas

Mantener el nivel del sonido más o menos uniforme es el objetivo aquí. Básicamente el compresor reducirá los picos y aumentará las partes por debajo del volumen normal.

En las voces: la mayoría de los cantantes, en general, no pueden tener un control total sobre el volumen de su voz, y naturalmente, cantarán ciertas palabras o frases más fuertes que otras. Es trabajo del compresor dar un poco de equilibro a éstas fluctuaciones, sin exagerar.

Otro instrumento sujeto a variaciones es la batería o la percusión en general. Un baterista no demasiado experimentado podría variar la fuerza de sus golpes sin notarlo. Una batería consistente será el producto de una buena compresión.

Con una compresión 1:4 tendrás más que suficiente. Para las baterías, sé prudente, de lo contrario matarás las dinámicas. Con el bajo, puedes usar la compresión más libremente, ya que no requiere demasiada dinámica.

Otro efecto a lograr en la compresión es dar presencia a los instrumentos. Luego de usar un compresor, debes quedarte con la impresión de que todo suena mas "presente" y cerca de ti.

Para dar a la mezcla un sonido "punchy", y presente, es necesario jugar un poco con el ataque (un ataque muy rapido matará los transients y por lo tanto el efecto punch), y también ajustar el release.

### Deja al sonido respirar

Un truco bastante efectivo es comenzar con el ataque más lento, y el release más rápido. Aumenta la velocidad del ataque hasta que notes que los transients comienzan a perder fuerza. Ajusta ahora el release, para que el volumen recobre toda su fuerza justo después del golpe inicial (de una batería, por ejemplo). Es importante sentir que los instrumentos "respiran", es decir, que tengan forma de recobrar su volumen en el punto correcto del tiempo, en vez de quedar siempre aplastados por el compresor.

Made in United States
North Haven, CT
24 March 2023

34481073R00020